CIA

Tarnung der Freimaurer

Jonathan Speering

Impressum

Jonathan Speering
App de Correos 60
29100 Coin
Spain

Titel
CIA
Tarnung der Freimaurer

ISBN-13:978-1512353747
ISBN-10:1512353744

Danke !

An meine geliebte Familie,
 ... und meine Unterstützer,
die mir ermöglichten,
dieses Buch zu schreiben

Inhaltsverzeichnis

Prolog

Washington D.C. in keiner anderen Hauptstadt haben die Freimaurer mehr Einfluss. Auch US-Präsidenten kommen nicht an dem geheimen Bündnis vorbei. Einige Präsidenten arrangieren sich mit ihnen. Zwei Präsidenten, die keine Mitglieder waren, starben durch Attentate.

Es war der 20. Januar 2009. Der zukünftige 44. Präsident der Vereinigten Staaten von Amerika leistet seinen Amtseid. Ein großer Moment voller Emotionen, Symbolik und einem gefährlichen Bekenntnis. Aber was die wenigsten wussten war, dass Barack Hussein Obama während seines Schwurs mit der rechten Hand, seine Linke auf ein ganz bestimmtes Buch gelegt hatte.

Die Bibel, völlig normal beim Amtseid, werden nun einige sagen. Es war aber nicht irgendeine Bibel, sondern die des früheren Präsidenten Abraham Lincoln.

Vorgänger Obamas, darunter auch die Bush-Präsidenten, schwörten auf die Bibel von George Washington. Der Grund ist einfach, George Washington war ein Freimaurer.

Die Wahl der Bibel war nicht gerade förderlich für Obama, seine Amtszeit zu überleben. Der Anti-Freimaurer Abraham Lincoln starb durch ein Attentat und der letzte Präsident, der sich öffentlich gegen Geheimbündnisse aussprach, erfuhr das gleiche Schicksal.

John F.Kennedy sprach schon nach wenigen Monaten nach seiner Amtseinführung von einer Organisation, die den Status einer Schattenregierung hätte. In einer Rede dazu äußerte er sich wie folgt.

„Das Wort, Geheimhaltung ist abstoßend in einer freien und offenen Gesellschaft. Als Volk haben wir eine natürliche und historische Abneigung gegen Geheimgesellschaften und Geheimbünde. Wir haben es mit einer weltweiten Verschwörung zu tun, die sich hauptsächlich auf verdeckte Mittel zur Erweiterung ihres Einflussbereiches stützt".

War das sein Todesurteil? Hat sich John F. Kennedy damit selbst ins Abseits gespielt, indem er öffentlich Geheimbünde kritisiert hatte? Welche geheimen Organisationen meinte John F.Kennedy?

Die Antworten auf diese Fragen führen mitten ins Herz der abendländischen Kultur, zu einem Bund, dessen Geschichte geprägt ist von Revolutionen, Kriegen, Morden, und Verschwörungen, die Rede ist von den Freimaurern. Die unfassbare Größe von sechs Millionen Mitgliedern steht völlig im Widerspruch zu dem Wenigen, was man über sie weiß.

Der undurchsichtige Sumpf, in dem die Freimaurer-Verbindungen verborgen sind, gibt eine Geschichte preis, die so in keinem Schulbuch steht. Nur die wenigsten wissen, welchen Einfluss die Freimaurer auf die Weltgeschichte hatten und immer noch haben.
Ein Dokument mit Zielen von Bombenattentaten wurde dem damaligen Präsidenten John F. Kennedy vorgelegt. Dieses Dokument diente nicht zur Abwehr solcher Verbrechen, sondern war ein Plan, um das eigene Volk zu attackieren.

Die *Operation Northwoods* sollte Anschläge im ganzen Land der USA ausführen, um dem damals verfeindeten sozialistischen Kuba in die Schuhe geschoben zu werden. Anfang der 1960er Jahre wollte der US Geheimdienst der CIA die amerikanische Bevölkerung für eine US Invasion gewinnen.

Am 13. März 1962 fehlte nur noch eine Unterschrift des Präsidenten. Aber John F. Kennedy war von dem Plan einfach nur entsetzt – und lehnte ihn regelrecht ab. Einige Monate später war nahezu jeder ranghohe Offizier, der an der *Operation Northwoods* mitgearbeitet hatte, gefeuert.

Es lässt sich daraus schließen, welche Konsequenzen diese Politik für Kennedy hatte. Bis heute wird vermutet, dass Verschwörer aus hohen Rängen der US Politik seine Ermordung organisierten. Stammte *Operation Northwoods* aus den Köpfen der Freimaurer?

Bis heute gibt es Verdächtigungen, dass die *Operation Northwoods* der US-Regierung und Administration unter Präsident George W.Bush als Vorlage für die Entfesselung des Terrorkrieges diente.

Bekannte Freimaurer

Da sich sehr wenige Menschen offen zu Ihrer Mitgliedschaft der Freimaurer bekennen, weiß man, dass zahlreiche US-Präsidenten Freimaurer waren und sich auch in Europas Geschichte bis in die Gegenwart Freimaurer in höchsten Ämtern finden.

Namen wie: Winston Churchill, George W. Bush, Nicolas Sarkozy und Ex-Bundeskanzler Helmut Schmidt lassen manchen staunen, wie verflechtet die Gesellschaft um die Freimaurer ist.

Die bekannte Hymne von Europa „Ode an die Freude" wurde von Friedrich Schiller auf Anregung des Freimaurers Christian Körner für die Freimaurerloge in Dresden gedichtet. Die Musik wurde vom Freimaurer Ludwig van Beethoven komponiert.

Der Vorschlag, sie zur Hymne der Europäischen Union zu machen, kam von dem Freimaurer Richard Nikolaus Graf von Coudenhove-Kalergi.

Dieser Mann war der Gründer der Paneuropäischen Union, der unter anderen Thomas Mann, Konrad Adenauer und Albert Einstein angehörten.

Wo befindet sich der Hauptsitz?

Durch perfide Aktionen, wie mit Tagen der offenen Tür, versuchen die Freimaurer gegen das Klischee anzukämpfen, sie seien Geheimnishüter, die an einer Weltverschwörung basteln.

Der bekannte Freimaurer-Experte Jasper Ridley sieht darin ein Täuschungsmanöver und beurteilt diese Taktik wie folgt:

„Wenn die CIA ihre Türen den Besuchern öffnet, glaubt doch auch keiner ernsthaft, danach alles über den US-Geheimdienst zu wissen"

Als weltweit besonders einflussreich gelten die Logen der Freimaurer des Schottischen Ritus. Sie haben Millionen Mitglieder in dutzenden Staaten. Nur eine ausgefeilte Organisation kann hunderte Logen weltweit koordinieren.

Eine der wohl wichtigsten Zentralen befindet sich in der Hauptstadt der Weltmacht Nummer eins: in Washington D.C. Im Nordwesten der US Metropole steht das Hauptquartier des Schottischen Ritus, südliche Jurisdiktion.

Ein sehr beeindruckender Bau im Stil eines antiken Tempels – und das Epizentrum der Freimaurer-Macht.

Passieren wichtige Geschehnisse auf der Welt, gelangen die Berichte der dort sitzenden Logen auf direktem Weg nach Washington – oft unschätzbar wertvolle Informationen mit heiklem, politischem Inhalt.

Gerüchten zufolge wird auch bestimmt, welche Personen wo hohe Ämter anstreben sollen – und welche einflussreichen Personen im Schnelldurchgang hohe freimaurerische Ehren erhalten.

Freimaurer und die Mafia

Es war das Jahr 1943 in Sizilien. Ungefähr 180000 amerikanische und englische Soldaten besetzen im Schnelldurchlauf ganze Brückenköpfe auf der italienischen Insel. Binnen fünf Wochen ist ganz Sizilien in ihrer Hand – dank der Freimaurer.

Denn im Vorfeld der Landung kontaktiert der designierte Chef der alliierten Militärregierung auf Sizilien, Colonel Charles Poletti, alte Freunde dort – Freimaurer die selbstverständlich in wichtigen Positionen sitzen.

Sie verfügen über kostbare Verbindungen zum größten Feind der Faschisten - Der Mafia. Auch Benito Mussolini hat zahllose Mafiosi ermorden lassen, weil er die Ehrenwerte Gesellschaft als Machtkonkurrenten ansieht. Die Faschisten töteten noch skrupelloser als die Clans aus dem Süden.

Die Mafia Clans nehmen jetzt Rache. Minuziös berichten sie den Freimaurern über feindliche Truppenbewegungen. Ohne die Freimaurer-Mafia-Verbindung hätte die Besetzung Siziliens weitaus länger gedauert.

Doch für die Freimaurer Italiens hat die Zusammenarbeit mit der Mafia verheerende Folgen. Eine parlamentarische Untersuchungskommission kommt im Jahr 1993 zu dem Schluss:

„Die Basis der Verbindung zwischen der Cosa Nostra, der Staatsverwaltung und der Privatwirtschaft wurde von den Freimaurern errichtet und gestützt"

Die Loge Propaganda Due (P2) beginnt in der Nachkriegszeit Mitglieder aus allen gesellschaftlichen Bereichen Italiens, (ausgenommen die der Kirche) für einen Staatsstreich zu rekrutieren. Binnen dreier Jahrzehnte webt die P2 ein unsichtbares Netz aus tausenden Mitverschwörern. Obwohl es mehr als 20 Jahre her ist, dass die Pläne der P2 verraten wurden und die Organisation längst verboten ist, bleiben die meisten Akten unter Verschluss.

Viele glauben heute noch, dass die P2 im Untergrund weiterhin existiert und auf ihre Gelegenheit wartet. Diese Gelegenheit trägt die P2-Mitgliedsnummer 1816. Der Name lautet Silvio Berlusconi. Bei Eintritt war er Bauunternehmer. Heute ist er Medienmogul und ehemaliger Ministerpräsident.

CIA - Eine Freimaurer-Loge

Die Loge Propaganda Due (P2) wurde in den 70er Jahren mit zehn Millionen Dollar unterstützt. Geldgeber war kein Geringerer als der US Geheimdienst der CIA. Grund: Sie wurde von den Amerikanern als eine politisch wichtige, weil antikommunistische Organisation angesehen.

Ein nicht zu unterschätzender weiterer Grund spielte dabei eine Rolle. Bei der Rekrutierung von Personal für die CIA spielen Geheimbünde eine große Rolle. Die Elite-Universität Yale diene seit jeher der CIA als Rekrutierungsfeld, gibt der Yale-Geschichtsprofessor Gaddis Smith zu:

„Yale hat die CIA stärker beeinflusst als irgendeine andere Universität. Das gibt der CIA bisweilen den Charakter eines Klassentreffens"

Besondere Aufmerksamkeit legt die CIA stets auf einen bestimmten, berühmt-berüchtigten Studentenclub der Yale-Universität, Skull & Bones, zu Deutsch Schädel & Knochen.

Mitglied dieses, aufgrund seiner satanistisch-sadistischen Rituale, verrufenen Geheimclubs bleibt man ein Leben lang – parallel zur Mitgliedschaft in einer Freimaurer-Loge.

Prominentes Beispiel ist dabei George H.W. Bush, Skull & Bones-Mitglied und CIA-Präsident von 1976 bis 1977. Desweiteren war er noch 41. Präsident der USA und – natürlich offiziell nie bestätigt – Freimaurer des obersten, sprich 33. Grades.

Diese Doppelmitgliedschaft hat in den Vereinigten Staaten von Amerika Tradition. Denn auch Harry S. Truman, der als 33. Präsident der USA die CIA gegründet hat, war zeitgleich einer der weltweit mächtigsten Freimaurer mit dem Rang eines Sovereign Grand Inspectors Generals, Rang 33. Desweiteren war er Ehrenmitglied des bereits erwähnten Hauptquartiers des schottischen Ritus, südliche Jurisdiktion in Washington D.C.

Hat die USA eine Parallelregierung?

Aufgrund der weitläufigen freimaurerischen Vergangenheit der USA ist es kein Wunder, dass rund ein Drittel aller US-Präsidenten Freimaurer waren. Was ist vor diesem Hintergrund von dem Bekenntnis Präsident Obamas zu halten, kein Freimaurer zu sein?

Viel muss man davon nicht halten, wenn man sich der eingangs erwähnten Worte John F. Kennedys erinnert. Die große Politik wird in den USA nicht vom Präsidenten gemacht. Wahrscheinlich wird Barack Obama am Ende seiner Amtszeit ähnliche Worte finden wie Präsident Dwight D. Eisenhower in seiner Abschiedsrede 1961.

„Wir müssen unsere Regierung gegen unberechtigte Einflussnahme durch den militärisch-industriellen Komplex schützen. Das Potenzial für eine verhängnisvolle Zunahme unberechtigter Macht existiert und dauert an"

Auf dem Ein-Dollar-Schein finden sich die Worte *novus ordo seclorum*, „neue Abfolge der Jahrhunderte" – Für die Verschwörungstheoretiker die Ankündigung einer neuen Weltordnung.

Der Harvard-Absolvent Obama hat viele Mitstudenten in seinen Mitarbeiterstab geholt. Wahrscheinlich sind etliche von ihnen Mitglieder des elitären Porcellian-Clubs in Harvard, dessen Mitglieder fast ausnahmslos der weißen Ostküsten-Oberschicht entstammen.

Wie auch immer, vielleicht war Obamas Schwur auf die Lincoln-Bibel auch gar keine bewusste Ablehnung der Freimaurer-Traditionen, die im Zentrum der Weltmacht USA existieren. Im Internet kursieren etliche Videos, die Amerika zum Opfer einer jüdisch-freimaurerischen Weltverschwörung erklärt – und Obama zum leibhaftigen Satan.

Es wäre fatal für ihn, öffentlich zu seinem Freimaurertum zu stehen. Darum bleibt es offiziell nur bei Gerüchten, dass Obama den 32.Grad der afro-amerikanischen Prince Hall Loge zuerkannt bekommen hat. Alles völlig üblich. Freimaurerbusiness as usual.

Doch ist es nicht im Grunde genommen egal, ob Obama Freimaurer ist oder nicht? Zumindest die Frage sei gestattet: Was ist, wenn die Geheimbünde bereits die Weltherrschaft ergriffen haben – ganz ohne Staatsstreich, in Form einer schleichenden Unterwanderung?

Wie viel Prozent der Staatsverwaltung müssen in der Hand eines Geheimbundes sein, um die Regierung zu lenken?

50 Prozent, 60 Prozent?

Vielleicht reichen schon wenige Mitglieder an den entscheidenden Stellen.

Mitglieder, die den Schwur abgelegt haben, die Ziele ihrer Organisation geheim zu halten. So wie jeder einzelne der sechs Millionen Freimaurer weltweit.

Die Machtergreifung der Freimaurer

Warum sind gerade in den Vereinigten Staaten von Amerika die Freimaurer so weit verbreitet, wieso haben sie so einen großen Einfluss? Die Antwort erfordert einen Zeitsprung zurück ins 18.Jahrhundert.

Von 1775 bis 1783 tobt auf dem nordamerikanischen Kontinent ein Krieg, wie ihn die Welt vorher noch nie erlebt hat: Die Bewohner der britischen Kolonien wagen den Aufstand gegen das Mutterland, wollen Bevormundung, Besteuerung durch die britische Krone abschütteln.

Alles beginnt mit der Boston Tea Party, bei der Aufständische britische Handelsschiffe entern und Teekisten in den Hafen von Boston kippen. Zuvor hatten sich die Rebellen in einem Wirtshaus getroffen, in denselben Räumen, die auch einer Freimaurer-Loge als Treffpunkt dienten.

Logen-Mitglieder sind bei der Aktion mit von der Partie. Doch das ist erst der Anfang freimaurerischen Einflusses auf die amerikanische Revolution: 33 Prozent der amerikanischen Generäle sind Freimaurer.

Die Gründerväter der USA, George Washington, Thomas Jefferson und Benjamin Franklin – ebenfalls Freimaurer. Und wenn es noch einen weiteren Beweises für den Einfluss des Geheimbunds auf die amerikanische Revolution bedarf:
50 der 56 Unterzeichner der amerikanischen Unabhängigkeitserklärung waren ebenfalls Logen-Brüder.

Dalai Lama, ein CIA Agent?

Er gilt Millionen Menschen als Friedensapostel. Doch entspricht dieses Bild vom Dalai Lama der Wirklichkeit?

Der Legende nach musste das 14. Oberhaupt der Tibeter vor fünf Jahrzehnten vor den Chinesen aus seiner Heimat flüchten. Seitdem unterdrückt Peking die Tibeter mit brutaler Gewalt. Doch ist das die ganze Wahrheit?

Ein Bericht tibetischer Hofschreiber zeichnet ein ganz anderes Bild:

„Die Freiheitskämpfer benutzten alles, was sie in die Hände bekamen, von erbeuteter chinesischer Artillerie bis hin zu Schwertern und ihre völlige Furchtlosigkeit versetzte die Chinesen in Angst und Schrecken".

Keine Spur also von Passivität und Friedfertigkeit. Im Gegenteil: Die Besetzung Tibets wird für Peking ein militärischer Albtraum. Auf einen toten Tibeter sollen zeitweise über zehn tote Chinesen gekommen sein.

Noch lange Jahre ist Tibet in weiten Teilen Aktionsgebiet der Untergrundarmee Chusi Gangdruk. Und die hat einen mächtigen Verbündeten. Das besetzte Tibet ist über 20 Jahre lang eine der aktivsten Zonen amerikanischer Geheimdiensttätigkeit in Asien.

Damals verbündete sich der exiltibetische Hof des Dalai Lama mit den USA gegen die neue Supermacht China – bewaffneter Kampf inklusive. Bereits 1951 werden 50 bis 60 Kisten Goldstaub und Silberbarren aus dem tibetischen Lhasa gebracht.

Die Erlöse betragen nach heutigem Wert 55 Millionen Dollar. Jahre später folgen der Dalai Lama und sein Hofstaat dieser Spur des Goldes nach Indien – nicht in einer überstürzten Flucht, sondern organisiert durch die CIA und begleitet von 350 Soldaten und 50 Kämpfern, die in den Monaten zuvor in den USA eine Spezialausbildung erhalten hatten.

Die Chusi Gangdruk steht unter der Führung von Gyalo Thöndup, dem Bruder des Dalai Lama. Die Elitekämpfer erhalten ihre Ausbildung im Camp Hale in den Rocky Mountains. Sie springen aus schwarzen B-17 Bombern ohne Hoheitszeichen über Tibet ab. Sie haben jeder eine Ampulle Zyanid dabei – für den Fall einer Festnahme.

Im nepalesischen Königreich Mustang baut die CIA eine Rebellenarmee auf, die mit bis zu 12000 Kämpfern in Tibet Aktionen durchführt. Die Tibet-Aktionen kostet Washington Abermillionen Dollar. Allein der Dalai Lama erhält jährlich 186000 Dollar.

Erst 1972 läuft die direkte Unterstützung des tibetischen Widerstands aus – um von einer privaten, aber staatlich finanzierten Organisation weitergeführt zu werden. Die National Endowment for Democracy (NED) gibt Millionen Dollar für „Projekte" in China aus.

Die NED gilt Chinas Führung als Drahtzieher blutiger Unruhen in Tibet, z.b. vor dem Beginn der Olympischen Spiele in Peking im Jahr 2008. Die NED streitet alles ab. Doch wie formulierte es der NED-Vordenker und EX-Chef Allen Weinstein recht eindeutig?

„Vieles von dem, was wir heute tun, erledigte vor 25 Jahren noch insgeheim die CIA." Man kann diesen Satz ergänzen: *„und der Dalai Lama"*

Ku-Klux-Klan und Freimaurertum

Es war im Februar 2006 als eine Serie von Brandanschlägen, auf vorwiegend von Schwarzen besuchte Kirchen, die ganze USA schockt. Rund 180 Kirchen gingen seit Anfang des neuen Jahrtausends in Flammen auf. Das Werk von Einzeltätern? Wohl kaum.

Viele vermuten den rassistischen Ku-Klux-Klan dahinter – und bezüglich dessen Gründung nach dem amerikanischen Bürgerkrieg, fällt immer wieder auch der Name eines Freimaurers: Albert Pike, ein Südstaaten-General und verurteilter Kriegsverbrecher, dem erstaunlicherweise nach seinem Tod in Washington D.C. ein monumentales Denkmal errichtet wurde.

Wie passt das alles zusammen? Tatsache ist, dass der verurteilte Pike von US-Präsident Andrew Johnson, ebenfalls ein Freimaurer, amnestiert wird. Albert Pike macht eine steile Freimaurer-Karriere. Das Denkmal in Washington ist unter der Statue mit dem Staatssiegel der USA verziert.

Den doppelköpfigen Adler ziert die Zahl 33. Dass Pike ein Klan-Mann war, lässt sich heute nicht mehr beweisen. Aber: Albert Pike schrieb ein fast 900 Seiten dickes Standardwerk des Freimaurertums.

In diesem Werk beschäftigt sich Pike auch mit der religiösen Figur Luzifer. Auch Bestsellerautor Dan Brown hat sich bei seinen Recherchen mit der widersprüchlichen Figur Albert Pike beschäftigt – der übrigens aus seiner Verehrung für die „weiße Rasse" keinen Hehl machte und verlauten ließ:

„Wenn ich die Wahl hätte, Neger als Brüder zu akzeptieren oder die Freimaurerei sein zu lassen, würde ich Letzteres wählen"

Die Vorfahren der Freimaurer

Fragt man einen Freimaurer nach der spirituellen Basis seiner Loge, wird man sicherlich nicht hören, dass Albert Pike's-Satanismus zu den Grundlagen seiner Rituale zählt.

Eher wird von den alten Ägyptern die Rede sein, von König Salomo und seinem Architekt Hiram Abif – und von den Tempelrittern.

Zwar endete ihre Geschichte offiziell mit dem Verbot im Jahr 1312. Einigen Tempelrittern gelang aber die Flucht in zwei Regionen am Rande Europas: nach Schottland und Portugal.
In Portugal nannte sich der Templerorden in Christusorden um und wurde zum Förderer der Seefahrt. Die Schiffe der maritimen Bruderschaft, der unter anderem auch Vasco da Gama angehörte, zierte ein Totenkreuz.

Noch heute ist das Cruz Patea ein nationales Symbol Portugals – es ziert auch die Trikots der Fußballnationalmannschaft. Für das geistige und finanzielle Überleben der Tempelritter war Schottland allerdings weitaus wichtiger.

Hier trafen sie auf die in Bauhütten zusammengeschlossenen Steinmetze, die überall in Europa tätig waren. Perfekt für die Tempelritter, um in Kontakt zu ihren untergetauchten Mitgliedern auf dem Kontinent zu treten. Es kam zu einen Gegengeschäft.

Die Steinmetze verhalfen den versprengten Resten des Templerordens zur Flucht auf die britische Insel. Die Tempelritter bezahlten dafür viel Geld und weihten die Steinmetzbünde in okkulte Geheimnisse ein, die sie im Orient erworben hatten.

Fest steht: In Schottland entstand im 15. Jahrhundert mit der Rosslyn Chapel eine über und über mit freimaurerischen und Tempelritter-Symbolen übersäte Kapelle. Die Familie, die diesen Bau ermöglichte, wurde 1736 Großmeister der Freimaurer von Schottland.

Brachten die Freimaurer Adolf Hitler an die Macht?

Mächtige Familienclans in den USA waren schon immer eng mit den Freimaurern verbunden. So wie die Rockefellers und Roosevelts. Aber keine Familie prägte die USA mehr als die der Bushs: Zwei Präsidenten, Gouverneure und Ölbarone entstammen diesem Familien-Clan.

Den Grundstock für diese enorme politische und finanzielle Machtfülle legte Prescott Bush, der Vater von George Bush und Großvater von George W. Bush, den beiden ehemaligen US-Präsidenten und Mitglieder in Freimaurerlogen. Auf dem Weg an die Spitze war die Bush-Familie nie zimperlich, doch wie weit ist sie wirklich gegangen? Offensichtlich schreckte Prescott Bush nicht einmal vor einem Pakt mit dem Teufel zurück – mit Adolf Hitler.

Prescott Bush hat für Nazi-Größen Geld gewaschen, indirekt hat er die Bewaffnung der SA und Hitlers erstes Büro finanziert – und es gibt Hinweise, dass er auch von der Sklavenarbeit im Vernichtungslager Auschwitz profitierte.

Prescott kam zwar schon aus einer wohlhabenden Familie, aber den entscheidenden Schritt auf dem Weg zur Macht machte er während des Studiums an der Yale University. Hier wurde er ganz im Sinne der Tradition, Mitglied des berüchtigten Geheimbundes Skull & Bones.

Es heißt, er habe die Gebeine aus dem Grab des berühmten Indianerhäuptlings Geronimo gestohlen. Sie werden bis heute angeblich für obskure Kulte dieses elitären Geheimbundes verwendet.

Nach dem Studium brachten die Bonesmen, Bush mit dem Logenmitglied und Geschäftsmann George Herbert Walker in Kontakt. Bush heiratete dessen Tochter und stieg in Walkers Finanzimperium ein.

Mithilfe seines Schwiegervaters wurde Bush Topmanager und Anteilseigner der UBC-Bank und die war nichts anderes als eine Geldwaschanlage für Nazi-Gelder. Die UBC verschob für den deutschen Stahlmagnaten der Thyssen-Familie Millionen Reichsmark. Ein Großteil kam der NSDAP zugute – unter anderem in Form von amerikanischen Waffen für die SA.

Die Geschäfte liefen sogar noch während des Zweiten Weltkrieges weiter, als die Niederlande besetzt wurden und die dort ansässige UBC von den Nazis kontrolliert wurde. Spätestens zu diesem Zeitpunkt war Bush ein direkter Helfer des nationalsozialistischen Regimes.

Bushs Schwiegervater Walker hatte auch Teile der Hamburg-Amerika-Linie übernommen, die Reederei wurde zu einer Schlüsselstelle der Nazi-Spionage in den USA. Sie schmuggelte deutsche Spione und deren Ausrüstung ins Land.

Es gibt zumindest Hinweise darauf, dass Prescott Bush auch in die Aktivitäten einer Stahlfirma verwickelt war, die in Auschwitz KZ-Häftlinge als Sklavenarbeiter einsetzte.

Einer der führenden Experten zu Bushs Nazi-Verwicklungen ist der ehemalige US-Bundesstaatsanwalt John Loftus. Sein Fazit ist eindeutig:

„Heute könnte man Prescott Bush und George Herbert Walker wegen Kooperation mit dem Feind vor Gericht bringen. Sie wussten ganz genau, dass die Nazis von ihren Aktivitäten profitieren würden."

Die Bush-Verschwörung dauert an – bis zum heutigen Tag. Der Schutz von einflussreichen Mächten ist offensichtlich. Lotus wirft außerdem der Familie vor, die Schiebereien ihres Vorfahren systematisch verschleiert zu haben.

Freimaurerbusiness eben!

Geheimprojekte der CIA

Auf die Frage: Wie man eine Supermacht besiegt, findet die einzige heutige Weltmacht, die USA, eine Antwort, als es darum geht die Sowjetunion aus Afghanistan zu vertreiben.

1979 trainiert die CIA im Rahmen von *Operation Zyklon* afghanische Widerstandskämpfer – darunter auch Taliban.

„Sie erschaffen Frankensteins Monster",

sagte die pakistanische Premierministerin Banazir Bhutto zu US-Präsident George Bush Ende der 80er-Jahre.

Doch ihre Warnung verhallt ungehört. Die USA liefern den Aufständischen sogar 2000 hochmoderne Stinger-Raketen gegen die bis dahin überlegene sowjetische Luftwaffe.

Mit dieser neuesten Generation von Boden-Luft-Raketen werden 269 sowjetische Militärjets und Hubschrauber abgeschossen. Nach dem Sieg der Taliban über die UdSSR fordern die USA die Herausgabe der restlichen Raketen. Natürlich vergeblich.

Dass es heute den westlichen Alliierten so schwerfällt, im Rahmen des Anti-Terror-Krieges Afghanistan zu befrieden, ist zu einem guten Teil den Stinger-Raketen geschuldet. Keiner weiß, ob sie nicht noch funktionsfähig sind.

Aber was ist, wenn die Taliban fähig sind, aus einer Stinger eine sogenannte schmutzige Bombe zu bauen? Die Reichweite der Stinger beträgt acht Kilometer. Ein mit Plutoniumstaub bestückter Gefechtskopf könnte bequem von Taliban ins Zentrum von Kabul geschossen werden – und Afghanistans Hauptstadt in eine radioaktiv verseuchte Todeszone verwandeln.

Ein anderes Projekt namens Artischocke beauftragt die CIA in den 50er Jahren. Kann man die Erinnerung eines Menschen umprogrammieren? Wie viel hält der Mensch unter Folter aus? Hierzu ein Auszug eines originalen Versuchsprotokolls:

9.53 Uhr: Injektion beginnt, ruhelose Bewegungen, Proband protestiert gegen Injektion.
9.59 Uhr: Sehr ruhelos, muss (...) festgehalten werden, wildes Rudern mit den Armen, heftiges Schwitzen.

10.01 Uhr: Patient richtet sich im Bett auf, komplettes Versteifen, Puls 120 bpm, Schaum vor dem Mund.
11.17 Uhr: Redet nicht mehr, fällt ins Koma.
12.15 Uhr: Proband tot.

Der Tote ist das Opfer eines der Menschenexperimente, die auf Geheiß der CIA überall in den USA stattfinden. Das Ziel: Erfahrungen im Gebrauch bewusstseinverändernder Drogen zu sammeln. Jeder kann Opfer werden – so wie der unter Depressionen leidende Tennislehrer Harold Blauer, dessen Tod das Protokoll oben dokumentiert.

Er gerät an Ärzte und Krankenhäuser, die mit der CIA im Rahmen der *Operation Artischocke* zusammenarbeiten. Doch auch größere Gruppen, wie z.b. Behinderte oder Schwangere, werden missbraucht, etwa zur Untersuchung der Folgen radioaktiver Verstrahlung. Vor wenigen Jahren gab das Pentagon zu, noch bis 1994 diese Experimente durchgeführt zu haben – rund 2400-mal – am eigenen Volk.

Ein weiteres Meisterstück, ironischer Natur, leistete sich die CIA in den 50ern im Iran, der heutige Erzfeind der USA. Es war 1953, tagelange Straßenkämpfe zwischen Anhängern der Regierung des Premierministers Mossadegh und seinen Gegnern bringen den Iran an den Rand des Bürgerkrieges.

Als Mossadegh die Pläne zur Verstaatlichung ausländischer Ölgesellschaften forciert, bringen die USA auf britische Bitten die *Operation Ajax* ins Rollen. Mossadegh wird von CIA-finanzierten Militärbefehlshabern gestürzt.

300 Anhänger, die ihn schützen wollen, werden dabei erschossen. Für viele Jahre scheint der CIA-gelenkte Putsch ein Erfolg: Der aus dem Exil in den Iran zurückgekehrte Schah trimmt den Staat auf prowestlich.

Doch in den Basaren gärt es. Die Kaufleute scharen sich um radikale Imame. Deren Wortführer: Ayatolah Khomeini. 1978, also 25 Jahre nach dem Sturz Mossadeghs, ist Khomeini mächtig genug, aus dem Exil in Paris heraus den Schah zu stürzen.

Der Iran wird 1979 die erste islamische Republik der Welt. Mitten im Kalten Krieg erwächst der westlichen Welt ein neuer Feind, der sie bis heute in Atem hält: der islamische Fundamentalismus.

Ein Extremismus, der ohne Putsch von 1953 wohl niemals entstanden wäre. Erst er ermöglichte Ayatollah Khomeinis Machtübernahme, die Erweckung des radikalen Islamismus – und damit indirekt auch den Aufstieg von Osama bin Laden zum Führer des Heiligen Krieges gegen den Westen.

Alle Bemühen, die radikalen Mächte zu beseitigen, schürt den Hass auf die USA noch mehr. Nach dem Tod Osama bin Ladens, entstand eine neue radikalere Macht. Der islamische Staat in Syrien und Irak setzt neue Maßstäbe in Sachen Gewalt.

Ganz nach dem Motto:

„Die Geister, die ich rief, werd ich nun nicht mehr los"

- kämpft die USA heute gegen ihre Fehler der Vergangenheit.

Stellt sich nur die Frage, wo die freimaurerischen Tugenden geblieben sind. Werte wie... Aufrichtigkeit, Ehrlichkeit – und Schutz der Werte anderer Menschen und Völker, sind feste Bestandteile des eigentlichen Freimaurertums.

Um diese Tugenden auch mal beiseite zu lassen, gibt es unter den Freimaurern scheinbar einen einfachen Trick – Man nennt sich einfach anders – so wie bei der CIA, die offiziell nichts im Geringsten mit Freimaurern zu tun hat. Dumm nur, dass 90% der Führungsspitze hochrangige Freimaurer sind.

Manipulation von Gedanken, mit dem Projekt HAARP

Wie nah dran waren die Supermächte an der Entwicklung einer einsatzreifen Waffe zur Manipulation von Gedanken durch parapsychologische Experimente? Werden diese Forschungen noch heute fortgeführt?

Im Jahr 1954 meldet die CIA, dass die Sowjets Abermillionen Rubel in die Erforschung „menschlicher Wunderwaffen" stecken: Mittels Gedankenübertragung droht den USA angeblich die Enttarnung von Spionageringen und der Verrat von Militärgeheimnissen.

Die USA starten das „Projekt Stargate". Man will eine telepathische Kommunikation entwickeln und durch Telekinese gegnerische Waffen zerstören. Die Forschungen haben höchste Weihen – und das über Jahrzehnte.

George Bush unterstützt die Parapsychologen während seiner Zeit als CIA-Chef 1976/77. Im Golfkrieg 1980 bis 1989 lässt der inzwischen zum US-Präsidenten aufgestiegene Bush, Hellseher fortlaufend über den Aufenthaltsort von Saddam Hussein Meldung machen.

1995 schließt „Stargate" seine Tore. Doch eine mysteriöse Forschungsstation bleibt: HAARP, das High Frequency Active Auroral Research Program. In Alaska versteckt, erstrecken sich seine Antennen über eine Fläche, groß wie 32 Fußballfelder. Von dort werden elektromagnetische Wellen ausgesendet.

Zur Erforschung der oberen Luftschichten, sagen offizielle Stellen. Zur Gedankenmanipulation, sagen andere. Die Wahrheit? Eine EU-Kommission stellte eine hochoffizielle Anfrage ans Weiße Haus. Sie ist bis heute unbeantwortet.

Das Symbol der Freimaurer

Als die Kathedrale von Amiens 1366 fertig gestellt wurde, hatte die Bauzeit bereits mehr als 150 Jahre betragen. Sie ist ein gewaltiges, in Stein gegossenes Manifest christlichen Glaubens. Mehrere Generationen von Steinmetzen hatten sich hier verewigt. Es ist die Epoche, in der aus einer Handwerkszunft eine Vereinigung wurde, welche die ganze Welt verändern sollte.

Denn es waren die Freimaurer, die zum Einen die nordfranzösische Kathedrale in Chartres und zum Anderen, die in Amiens erbauten. Und sie haben in diesen gottesähnlichen Palästen des Mittelalters ihre Spuren und Zeichen hinterlassen.

Nicht versteckt oder unauffällig, sondern für jeden sichtbar, der sie zu lesen versteht. So befindet sich im Nordfenster der Kathedrale ein auf die Spitze gestelltes Pentagramm – auch Drudenfuß genannt.

Dieser fünfzackige Stern ist eines der geheimnisvollsten und gefürchtetesten magischen Symbole der Menschheit. Seine Herkunft ist vorchristlich. Kein Geringerer als der geniale antike Mathematiker Pythagoras, verehrte, das mit der Spitze nach oben zeigende Pentagramm, als Symbol leiblich-seelischer Harmonie, später galt es als magisches Zeichen zur Abwehr des Bösen.

Die frühen Christen sahen in seinen Spitzen die fünf Wunden Christi. Doch die Kirche des Mittelalters führte einen Feldzug gegen alle mächtigen Symbole, die dem Kreuz Konkurrenz machten.

Das Pentagramm war ihnen verhasst. Wegen des heidnisch-mathematischen Hintergrunds machten es die Demagogen der Inquisition zum Symbol des Satans. Und als Satanisten verfolgten sie alle, die den fünfzackigen Stern verehrten.

So wurden auch die Freimaurer als Teufelsanbeter stigmatisiert. Ihnen war das Pentagramm aber ein Symbol des Lichts und der Gerechtigkeit. Das fürchteten die mittelalterlichen Päpste noch mehr als den Satan persönlich, weil damit ihr Monopol auf das Gute und die göttliche Gerechtigkeit infrage gestellt wurde.

Ist es nur Zufall, dass die Form des Pentagon bei Washington, dem eines Fünfecks gleicht? Wohl kaum, schaut man sich die Symbole der Freimaurer  genauer an, merkt man schnell, dass sich das Fünfeck in vielen Symbolen wiederfindet.

Den Auftrag zum Bau des Pentagons erteilte ein Großmeister der Freimaurer, Mitglied des CFR und dem Komitee der 300. Er war überzeugter Freimaurer, der die Werte und Tugenden der Logenbrüder verinnerlicht hatte, wie kein Zweiter.

Er war politisch sehr aktiv und zufällig der 32. Präsident der Vereinigten Staaten von Amerika. Sein Name war Franklin Delano Roosevelt. Der gleiche Roosevelt, der den Angriff auf Pearl Harbour, Stunden vorher, mit genauer Uhrzeit vom amerikanischen Geheimdienst mitgeteilt bekommen hatte und nichts unternahm, dieses Desaster zu verhindern.

Zurück zu den Symbolen der Freimaurer und der kollektiven Blindheit der Menschen. Den kommunistischen Stern der Sowjetunion kennen wir alle.

Erstaunlich ist jedoch, wie wenig Menschen sich die Frage gestellt haben, warum ein kommunistischer Stern auf den meisten US amerikanischen Trucks und Jeeps zu sehen war.

Ist der Fünfzackstern das Symbol der Freimaurer und wurde Deutschland demnach von den Freimaurern befreit, bzw. besetzt?

Jene Freimaurer, die den Anspruch erheben, mit ihren neuen Gesetzen die perfekte Menschheit erschaffen zu wollen. Der Einfluss der Freimaurer ist anhand dieser gravierenden Beweise nicht mehr zu leugnen.

Den Fünfzackstern findet man mittlerweile auf vielen Geldscheinen, Fahnen und anderen diversen Aufdrucken. Beängstigend ist nur, dass

dieser Fünfstern, dem Pentagramm des Baphomet bedrohlich ähnlich ist.

Die Linien des Pentagramms schneiden sich in einem ganz bestimmten Zahlenverhältnis – dem Goldenen Schnitt. Dies gilt als besonders ästhetisch, und so taucht das Zeichen oft in Kirchen, Synagogen und Stadtplänen auf.

Ein Pentagramm, bei dem zwei Zacken nach oben weisen, gilt als Symbol des Teufels. Das

Symbol hat aber auch Macht über Satan. In Goethes "Faust" kann Mephisto ein gezeichnetes Pentagramm nicht überschreiten und ist gefangen.

Woher der Hang zum Satanismus kommt, lässt sich anhand der geschichtlichen Vergangenheit der Freimaurer nur erahnen. Als die Freimaurer den versprengten Tempelrittern zur Flucht verhalfen, wurden sie weniger mit Geld, als vielmehr, mit okkulten Ritualen bezahlt.

Es wurde vermutet, dass die Tempelritter im Orient, weniger mit ihrem militärischen Geschick zu einer siegreichen Streitmacht wuchsen, sondern sich dunkler Kräfte bedienten.

Demnach heißt es, dass die Tempelritter bewusst Dämonen beschworen, um militärischen Vorteil zu erlangen. Den gleichen Vorwurf, den man den Nazis zum Ende des 2. Weltkrieges machte. Demnach sollten angeblich auch Einheiten der SS an geheimen Dämonenbeschwörungen gearbeitet haben, um die voraussichtliche Niederlage abzuwenden. Konkrete Beweise wurden nie gefunden. Oder sollte nichts gefunden werden?

Die Freimaurer nahmen die Lehren der Tempelritter dankend an. War das übermittelte Wissen viel mehr wert, als Gold und Taler. Schon seit Anbeginn der Menschheit wird Dämonen nachgesagt, sie würden über das Wissen der Welt verfügen.

Demnach ist anzunehmen, dass die Templer den Freimaurern keine Beschwörungsformeln verkauften, sondern Wissen über die Gesetzmäßigkeiten der Erde und der Menschen. Naturgesetze, die in ihrer Art und Weise, solchen wie dem Resonanzgesetz gleichen.

Genauere Informationen gibt es nicht, denn die Freimaurer geben sich in ihren Logen die größte Mühe, ihr Wissen unter Verschluss zu halten. Doch nun zurück zum Pentagramm, welches angeblich nichts mit Freimaurertum zu tun haben soll.

Trotz aller Wiedersprüche, findet sich das Pentagramm in vielen Freimaurersymbolen wieder. Zu auffällig ist die Ähnlichkeit, um eine Verbindung zum Satanismus abzuweisen.

Das sehende Auge

Sie hält nicht einmal zwei Jahre und gilt doch als das Symbol der Supermacht USA, die Ein-Dollar-Note. Nach nur 20 Monaten ist sie so verbraucht, dass sie von der US-Notenbank eingezogen wird.

Ein vergängliches Stück Papier. Zwei Symbole auf der Rückseite aber machen die Note zum Objekt zahlloser Spekulationen. Zu sehen sind der Weisskopfseeadler, das amerikanische Wappentier und eine Pyramide, an deren Spitze das Auge der Vorsehung schwebt.

Kaum ein Amerikaner weiß, was die beiden Symbole verbindet. Ihre gemeinsame Geschichte begann 1776. Damals befreiten sich die USA von der britischen Herrschaft. Die Unabhängigkeitserklärung wurde verfasst und eine Kommission sollte über den Entwurf des US-Staatssiegels entscheiden. Nach sechs Jahren und endlosen Debatten einigte man sich auf den Weisskopfseeadler.

Doch das Siegel bekam auch eine Rückseite, die später in Vergessenheit geriet: Es ist die Pyramide mit dem Auge. Darunter die Worte *novus ordo seclorum* – neue Abfolge der Jahrhunderte. Die Pyramide ist das Symbol der Freimaurer.

Welche Rolle spielten die Freimaurer bei der Gründung der USA?

Neue historische Befunde zeigen, dass ihr Einfluss wohl grösser war, als bisher vermutet. So ist erwiesen, dass die Freimaurer eine treibende Kraft beim Aufstand gegen die britische Krone waren. Die neue Zeitrechnung – in den USA begann sie mit ' dem ersten Freimaurer, der ein Staatsoberhaupt wurde:

George Washington. Aber wie groß blieb der Einfluss über die Jahrhunderte? 1933 war wieder ein Freimaurer US-Präsident: Franklin D. Roosevelt.

Er entschied, dass die Ein-Dollar-Note neu gestaltet wird – und zwar mit der Pyramide und dem schwebenden Auge Gottes.

Damit öffnete er Spekulationen Tür und Tor. Roosevelt folgte seinen Freimaurer-Idealen: In der Wirtschaftskrise verordnete er eine neue Finanzordnung. Der sogenannte New Deal war der gravierendste Eingriff eines Präsidenten in die US-Wirtschaft –

bis 2009 ein gewisser Barack Obama begann, Banken zu verstaatlichen.

Schlusswort

Von den Tempelrittern erbten die Freimaurer ihre kosmopolitische Einstellung und weltanschauliche Freiheit. Das brachte sie immer wieder ins Fadenkreuz der Mächtigen. Die katholische Kirche verbot ihren „Schafen" die Mitgliedschaft.

Königen und Tyrannen war ihr Eintreten für Menschenrechte und Demokratie suspekt. Die Nationalsozialisten hassten die Freimaurer. Sie galten als Teil jener „jüdisch-freimaurerischen Weltverschwörung", die heute noch von Fundamentalisten weltweit herbeigeredet wird und bereits Deutschlands Niederlage im Ersten Weltkrieg herbeigeführt haben soll.

Man verdächtigte die Freimaurer aufgrund ihrer internationalen Verbindungen der Spionage. Im Jahr 1935 wurden alle Logen aufgelöst. Inoffiziellen Zahlen zufolge wurden über 60 Freimaurer von den Nazis hingerichtet, darunter der Publizist und Friedensnobelpreisträger Carl von Ossietzky.

Übrigens blieben auch nach dem Zweiten Weltkrieg die Freimaurer in zahlreichen Ländern verboten, z.b. in Spanien, in der Sowjetunion und in der DDR. Neugründungen im arabischen Raum haben es schwer, da Freimaurer unter Islamisten als genuin jüdisch angesehen werden und somit aufs Schärfste verachtet werden.

Über den Autor

Jonathan Speering wurde 1972 in Lansing dem Bundesstaat Michigan, im Norden der Vereinigten Staaten geboren. Er lebt mittlerweile mit seiner Frau und seinen zwei Kindern in Torrington, einer Kleinstadt im Bundesstaat Connecticut.

Nach seinem Praktikum in einer lokalen Zeitung, wusste er, dass die journalistische Arbeit sein restliches Leben begleiten würde. Über Jahre hinweg, schrieb er Kolumnen für verschiedene Zeitungen und später für Internet-Blogs mit dem Schwerpunkt Nahost.
Anfangs mit den Entstehungen der politischen Konflikte in Verbindung des Kalten Krieges, wechselte er zu den Fragen der Sinnhaftigkeit von Terrorismus. Er ist dabei immer der festen Überzeugung, dass man sich in Terroristen hineinversetzen muss, um die radikalen Beweggründe nachvollziehen zu können.

Gerne hinterfragt er Gesetzmäßigkeiten, damit der Leser seine eigene, unbeeinflusste Meinung bilden kann. Dabei versucht er seine eigene Meinung hintenan zu stellen, um eine neutrale Sichtweise zu vermitteln.

★ ★ ★ ★ ★ Schreiben Sie Ihre Meinung!

Liebe Leser,
Um anderen Lesern einen Eindruck über den Inhalt dieses Buches zu vermitteln, bitten wir Sie, Ihre Meinung in einer kurzen Rezension auf Amazon mitzuteilen. Dabei ist Lob, als auch Kritik erlaubt.

Weitere Werke des Autors

Terrorismus – Schuld der Religionen?

Was sagt der Koran über die grausamen Taten des Islamischen Staates in Syrien und Irak?
Viele islamische Terroristen berufen sich darauf, doch stehen im Koran wirklich solche Gräueltaten beschrieben, die Hinrichtungen und Verstümmelungen nach islamischem Recht legitimieren?

Der Autor über das Buch:

Immer höre ich in den Medien, dass der Islamismus nichts mit den Taten der IS in Syrien und Irak zu tun hat. Sehr Konfus, berufen sich doch die Terroristen regelmäßig auf den Koran. Auch Attentäter in den letzten Monaten und Jahren handelten nach eigenen Angaben, im Sinne des Korans. Im Buch möchte ich Ihnen einen kleinen Überblick verschaffen und den Fragen auf den Grund gehen.